J Eberli

Untersuchungen am Verdauungstraktus von Gryllotalpa

Vulgaris L.

J Eberli

Untersuchungen am Verdauungstraktus von Gryllotalpa Vulgaris L.

ISBN/EAN: 9783744627337

Hergestellt in Europa, USA, Kanada, Australien, Japan

Cover: Foto ©berggeist007 / pixelio.de

Weitere Bücher finden Sie auf **www.hansebooks.com**

Untersuchungen

am

Verdauungstraktus von Gryllotalpa vulgaris L.

Inaugural-Dissertation

zur

Erlangung der philosophischen Doctorwürde

vorgelegt

der hohen philosophischen Facultät

der

UNIVERSITÄT ZÜRICH

von

J. Eberli

von Tannegg (Kt. Thurgau).

Begutachtet von den Herren:
Prof. Dr. Arnold Lang,
Privatdoc. Dr. Karl Fiedler.

Zürich

Druck von Zürcher & Furrer

1892.

Separatabdruck aus der Vierteljahrsschrift der naturforschenden Gesellschaft in Zürich. 37. Jahrgang. 2. Heft 1892.

Untersuchungen am Verdauungstraktus von Gryllotalpa vulgaris.

Von J. Eberli.

(Aus dem zoologischen Laboratorium beider Hochschulen in Zürich.)

Durch meinen hochverehrten Lehrer, Herrn Professor Dr. A. Lang, wurde ich angeregt, Untersuchungen am Verdauungskanal von Insekten anzustellen, wobei Gryllotalpa vulgaris das Hauptobjekt bilden sollte. Um den Umfang der Arbeit nicht zu sehr zu vergrössern, beschränkte ich mich indessen bald auf eine speziellere Untersuchung gewisser Partieen und konnte das um so eher thun, als einzelne Abschnitte mit drüsigen Anhangsgebilden gerade in neuerer Zeit öfters Gegenstand eingehender Erörterungen gewesen sind; ich erwähne beispielsweise die Arbeiten von E. Schindler (5) über die Malpighi'schen Gefässe, von J. Frenzel über den Mitteldarm (11) und Bruno Hofer's (14) Untersuchungen über den Bau der Speicheldrüsen. Das Gebiet des Kaumagens und des damit in naher Beziehung stehenden ersten Abschnittes des Enddarmes bildet den Hauptgegenstand vorliegender Arbeit, welche auch die Resorptionsfrage kurz berühren musste.

Mit dem grössten Vergnügen erfülle ich schon hier die Pflicht, meinen hochverehrten Lehrern, Herrn Prof. Dr. A. Lang und Herrn Dr. Karl Fiedler, Docenten der Zoologie und Assistenten am zoologischen Laboratorium. für ihre rege Theilnahme an meiner Arbeit meinen tiefgefühlten Dank auszusprechen.

Bemerkungen zur Methode der Untersuchung.

Die gewöhnlichen Vorschriften der mikroskopischen Technik zur Herstellung guter Schnitte reichen bei Objekten, die Chitin aufweisen, gewöhnlich nicht aus. Davon weiss jeder Zoologe, der sich mit Gebilden wie der Kaumagen der Insekten beschäftigt hat, zu erzählen. Wie selten gelingen wirklich schöne, nicht zerrissene Schnitte, die übersichtliche Bilder der zu untersuchenden Organe geben!

Um mich aber über die topographischen Verhältnisse des Darmkanals genau zu orientiren, erachtete ich es für nothwendig, Schnitte von ganzen Individuen anzufertigen. So wurde denn die äussere Chitinhülle, namentlich an Kopf und Thorax so viel als möglich entfernt. Die Fixirung der unmittelbar vorher getödteten Thiere geschah in wässriger Sublimatlösung, absolutem Alkohol und namentlich in Pikrinschwefelsäure. Mit grossem Vortheile liess sich das von J. Frenzel angegebene Gemisch von alkoholischer Sublimatlösung und Salpetersäure verwenden, weil durch dasselbe die Objekte in kurzer Zeit gehärtet wurden. Mit Chromsäure und deren gewöhnlichen Mischungen hatte auch ich nicht den gewünschten Erfolg.

Zur Durchfärbung eignete sich am besten Grenacher's alkoholisches Boraxkarmin, verdünnt mit 70prozentigem Alkohol. Das Objekt wurde bis zur starken Ueberfärbung darin belassen. Zum Ausziehen des Farbstoffes mit salzsaurem Alkohol war mehr als eine Woche erforderlich. Die Schnitte zeigten, dass alle Gewebe in dem ganzen grossen Objekte sehr gleichmässig durchfärbt waren.

Bei der Einbettung in Paraffin verfuhr ich äusserst langsam, um beim Schneiden nicht mehr auf die stören-

den Lücken im Objekte zu stossen. Ganz allmählig wurde
nach gehöriger Aufhellung in Xylol demselben bei ge-
wöhnlicher Temperatur weiches Paraffin zugesetzt, bis
eine gesättigte Lösung entstand. Dann wurde in der
Wärme hartes Paraffin und zwar wieder in allmähliger
Zuthat hinzugefügt, ein Verfahren, das mir bei derartigen
Objekten sehr vortheilhaft zu sein scheint. Nach einigen
Tagen erfolgte die Einbettung in einem Gemisch von vier
Theilen hartem und einem Theil weichem Paraffin. Beim
Schneiden — die Schnitte waren allerdings bis zu 8 μ
dick — zeigte sich das Objekt ganz durchdrungen von
Paraffin. Selbst im Kaumagen waren keine Lücken zu
finden und die Schnitte, in Xylol nachgefärbt, in welchem
Krystalle von Pikrinsäure aufgelöst worden waren, er-
wiesen sich als ausgezeichnete Uebersichtspräparate, wo
namentlich die Chitinbildungen deutlich hervortraten.

Im Uebrigen wurden bei der Herstellung der Prä-
parate die gebräuchlichen Hülfsmittel benutzt.

Der Darmkanal im Allgemeinen.

Der Darmkanal von Gryllotalpa besteht aus folgenden Theilen:

1. dem Vorderdarm mit seinen beiden Erweiterungen:
Kropf und Kaumagen;

2. dem Mitteldarm, zwei seitlichen Säcken von ver-
hältnissmässig geringer Grösse;

3. dem Enddarm, der, mit einem engen Theil be-
ginnend, nach hinten zu sich beträchtlich erweitert und
in diesem Theil früher fälschlich als »Chylusmagen« bezeichnet wurde. Von der Einmündungsstelle der Malpighi'-
schen Gefässe an macht der sich verengende Theil eine
U-förmige Schlinge, um sich schliesslich im sogenannten
Rektum nochmals bedeutend zu erweitern.

1. Der Vorderdarm.

a) Der vor dem Kaumagen liegende Theil.

Der Vorderdarm beginnt mit einem langen Oesopha-
gus, der sich zu einer unpaarigen, umfangreichen Aus-
stülpung, dem Kropf, erweitert. Nach hinten setzt er
sich fort in ein verengertes Stück, das schon von aussen
eine kräftigere Entwicklung der Muskulatur erkennen lässt,
als der vor dem Kropf liegende Theil. Dieser Abschnitt
ist es, der sich zum Kaumagen erweitert.

In diesem vorderen Darmtheile ist der Querschnitt
kreisrund. Auf der Innenseite der Darmwandung finden
sich Erhöhungen, Wülste, Längsstreifen, die in Bezug auf
Gestalt und Anordnung einem gewissen Gesetze unter-
worfen sind. Immer können sechs Hauptlängsstreifen nach-
gewiesen werden, die aber unter sich nicht von ganz
gleicher Grösse sind. Sie ragen in ungefähr gleichen
Abständen in das Darmlumen hinein. Diese Erhöhungen
sind von einer Chitinintima überzogen, die nicht nur, wie
bei andern Orthopteren, in ihrem hintern Theile mit
Stacheln versehen ist, sondern solche in ihrer ganzen
Ausdehnung aufweist. Ihrer Grösse und Dicke nach zeigen diese Borsten alle Uebergänge von feinen stachel-
artigen Auswüchsen bis zu solchen von umfangreicherer,
eckzahnartiger Gestalt; diese letzteren stehen ausserdem
noch auf besonders verdickten Stellen der Chitinintima.
Im Allgemeinen ist zu bemerken, dass die Chitinbildungen von vorn nach hinten an Stärke zunehmen, um im
Kaumagen ihre höchste Entwickelung zu erreichen.

Ich möchte schon hier beifügen, dass die beiden Ausführungsgänge der Speicheldrüsen auch bei Gryllotalpa,
wie Bruno Hofer (14) bei Blatta gefunden hat, zu
einem gemeinsamen Sammelgang zusammentreten und

ihren Inhalt in die Mundhöhle entleeren. Antonio Berlese (6) gibt zwar für Gryllus campestris an, dass der
Ausführungsgang der Speicheldrüsen in den Oesophagus
ausmünde, doch liegt hier wohl ein Beobachtungsfehler
vor.

Der Kropf erreicht eine bedeutende Grösse, bei einzelnen Individuen bis zu 1,2 ^{cm}. Die Chitinintima ist ziemlich dünn und bildet Falten; denn drei von den oben erwähnten sechs Längsstreifen verbreiten sich im Lumen
des Kropfes. Die drei andern ziehen sich an der dem
Lumen des Kropfes gegenüberliegenden Darmwandung un-
verändert nach hinten fort und zeigen eine gewisse Eigen-
thümlichkeit. Sie erhöhen sich nämlich der Art, dass sich
das Epithel bedeutend von der Muskelwand abhebt, wodurch sie als grosse, unregelmässige Vorsprünge in das
Lumen des Kropfes hineinragen. Die bedeutende Höhe
dieser Längsstreifen erheischt besondere Retraktoren. In
der That verlaufen in dem Raum zwischen den Ring-
muskeln und dem Epithel radiale Muskelfasern, die aber
nicht von längslaufenden Muskelstämmen herrühren, sondern sich ganz deutlich von der Ringmuskulatur abzweigen;
auf Querschnitten werden dieselben ihrer ganzen Länge
nach getroffen. Diese Vorsprünge, die zudem noch mit
starken Chitinstacheln besetzt sind, haben den Zweck, die
verschluckte Speise in den Kropf zu drängen; bei der
Kontraktion der als Zurückzieher wirkenden Muskelstämme
wird das Lumen des Darmes der Art erweitert, dass die
Speise weiter gelangen kann.

Der nun folgende kurze Abschnitt führt zum Kaumagen. Die Stärke der Muskulatur nimmt stetig zu und
es tritt eine kräftige Chitinbewaffnung auf. Wir finden
natürlich auch hier die sechs Längsstreifen, die sich aber

nicht mehr ganz ebenso verhalten wie früher. Im vorderen Abschnitte war der Borstenbesatz nach Grösse und
Zahl der einzelnen Borsten ziemlich gleichmässig, wie
dies auch an den drei in ununterbrochenen Linien sich
fortziehenden Längsstreifen der Fall ist. Die drei andern
aber tragen in neun Feldern grosse, sehr scharfe, haken-
artige Chitinzacken, die auf einer stark verdickten Basis
stehen. Diese Borsten sind nach hinten, dem Kaumagen
zu, gerichtet. Dadurch ist das energische Vorwärtsdrängen
der Nahrung in den Kaumagen nicht gehindert, aber die
Möglichkeit einer Rückwärtsstauung vermieden.

b) Der Kaumagen.

Bau und Funktion des Kaumagens sind schon öfters
Gegenstand eingehender Erörterungen gewesen. Ich erwähne hier namentlich die ausgezeichnete Arbeit Graber's,
betitelt: „Zur näheren Kenntniss des Proventriculus und
der Appendices ventriculares bei den Gryllen und Laubheuschrecken" (2). Gerade im Hinblick auf diese Untersuchung wurde ich veranlasst, hauptsächlich das hintere
Ende des Kaumagens von Gryllotalpa bezüglich der Art
und Weise des Ueberganges in den Mitteldarm eingehender zu studieren. Schon Graber deutet an dieser Stelle
eine grössere Komplikation des Baues an. Er findet, dass
unmittelbar vor der Ausmündung des Vormagens und um
dieselbe die Chitinhaut zu einem Ringwulst anschwillt
und sich dann als Innenwand des cylindrischen Chylus-
magens in gerader Richtung nach hinten fortsetzt. Die
Muskelhaut bildet zwei sackartige Ausstülpungen oder
Duplikaturen, indem sie sich am Ringwulst, wo sie gleichfalls bedeutend anschwillt, von der Chitinmembran ablöst.

V. Faussek (12) erwähnt in seinen Untersuchungen
über die Eremobia muricata, eine Heuschrecke aus der
Familie der Acridiodeen, beim Uebergange der vorderen
Abtheilung des Darmkanals in den Mitteldarm eine kleine
ringartige Falte in Form eines Vorhanges, die in den
Mitteldarm herabhänge. Auf dieser Falte, welche vom
Kaumagen gebildet werde, erreiche die Intima eine besondere Dicke und sei mit sechs ziemlich grossen Chitinauswüchsen in Form von »pfeilartigen Scheiben« ausge-
rüstet.

Bevor ich nun zur genaueren Schilderung dieses Ge-
bildes bei Gryllotalpa übergehe, muss ich zur Orientirung
Graber's Untersuchung über die Organisation des Proventriculus kurz wiedergeben, wobei vornehmlich die Chitinbildungen ins Auge zu fassen sind.

Bei näherer Untersuchung der regelmässig ange-
ordneten Erhabenheiten der Chitinintima erkennt man
sechs Längsstreifen, die durch eben so viele Längsleisten,
welche in einer zwischen den Längsstreifen gelegenen
Vertiefung angebracht sind, getrennt werden. Die Längsstreifen bestehen aus drei Längsreihen von regelmässig
hintereinander postirten Chitinplatten, von denen die Platten der mittleren Reihe stärker entwickelt sind als die-
jenigen der seitlichen. Daher die Bezeichnungen »Haupt-
und Nebenplatten«, respektive »Haupt- und Nebenreihen«.

Die Zahl der in einer Längsreihe stehenden Haupt-
und Nebenplatten differirt bei den verschiedenen Arten;
bei Gryllotalpa zählte ich deren neunzehn. Es empfiehlt
sich, die erwähnten Ausdrücke Hauptplatten (Hpl), Nebenplatten (Npl) und Längsleisten (Ll) beizubehalten, da bei
Gryllotalpa der eben angedeutete Bau in den Hauptzügen
wieder zu finden ist. Eine eigenthümliche Abänderung

desselben tritt erst gegen das hintere Ende des Kaumagens hin auf, von der Stelle an, wo derselbe sich zu
verengen beginnt. Während in der mittleren Region des

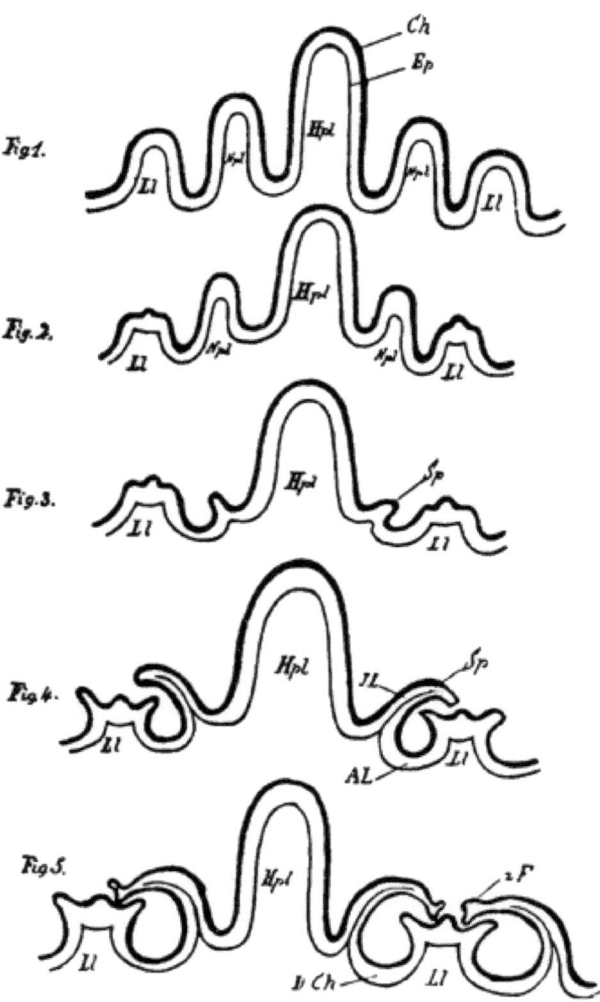

Kaumagens die Platten gleich hoch sind (Fig. 1), nehmen
gegen die hintere Einschnürung zu die Längsleisten und
Nebenplatten (Fig. 2, Npl,, Ll) an Grösse immer mehr

ab. Mit dem völligen Verschwinden der letztern entstehen an den Rändern der Hauptplatten kleine Ausstülpungen (Fig. 3, Sp), die, an Grösse immer mehr zu-
nehmend, nicht etwa frei in das Darmlumen hineinragen,
wie die verschwundenen Nebenplatten, sondern sich rinnen-
förmig aufrollen. Indem sie nun auch die Ränder der Längsleisten mit sich ziehen, repräsentirt das Gebilde eine
Spirale (Sp, Fig. 4 und 5). Dieselbe (Fig. I, II) besteht
also aus zwei Lamellen, von denen die erstere, die nicht
an der ganzen Spiralwindung betheiligt ist, sondern gleichsam nur als Verbindungsstück mit derselben dient, die
Fortsetzung eines Randes der Hauptplatte und die
letztere, welche eine völlige Spiralwindung beschreibt,
diejenige eines Randes der Längsleiste ist JL, Al, Fig. 4)
Dadurch nun, dass die Leisten an Höhe abnehmen, kommt.
das freie Ende der Spirale auf die innere Fläche derselben gleichsam wie auf ein Widerlager zu liegen. Diese
Fläche zeigt zudem noch einen zapfenförmigen Fortsatz
(zF, Fig. I und 5), der ein Zusammenstossen beider
Spiralenden verhindert. Auffallend war mir bei meinen
Präparaten, dass das Chitin der äusseren Lamelle, also
der aus den Längsleisten hervorgegangenen, viel inten-
siver gefärbt war als dasjenige der übrigen Partien, was
wohl dadurch zu erklären ist, dass an dieser Stelle das
Chitin dichtere Beschaffenheit besitzt (D Ch, Fig. 5).

In Beziehung auf die Hauptreihen ist noch zu bemerken, dass die Hauptplatten in ihrer Grösse differiren.
Vier derselben sind stark verlängert (g Hpl, Fig. I), während die beiden andern an Ausdehnung mehr und mehr
verlieren (r Hpl, Fig. I).

Zur Vervollständigung des Bildes seien schon hier
einige Bemerkungen über das Epithel und die Muskulatur

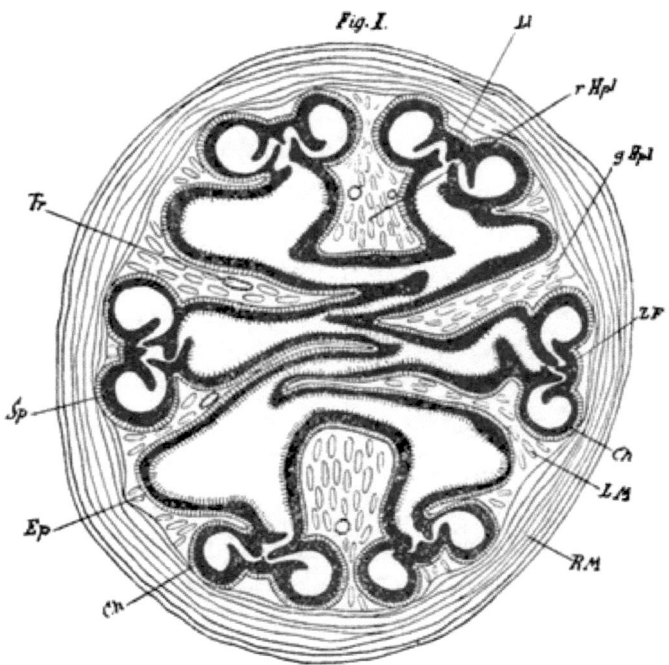

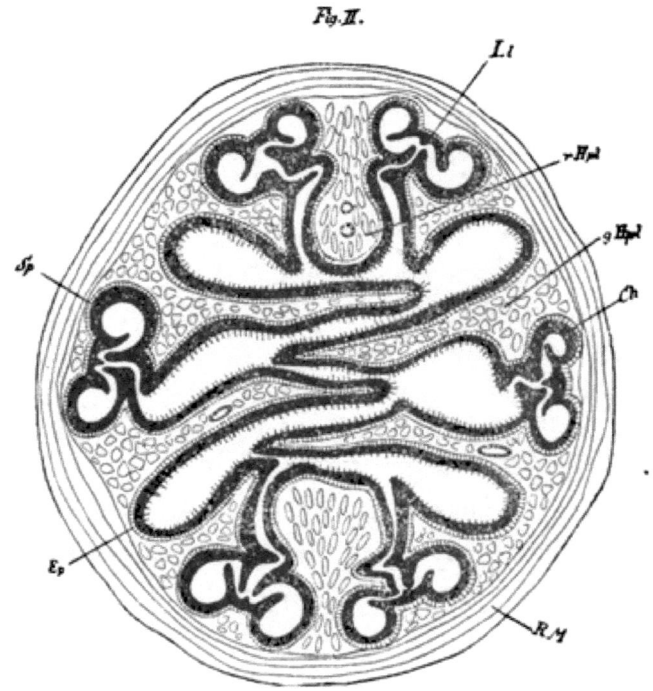

beigefügt. Ersteres zeigt dieselben Verhältnisse, wie sie
schon von anderen Autoren erwähnt wurden. Die Zellen
sind klein und weisen keine Differenzirungen auf, aus
welchen auf eine weitere Funktion als diejenige der Chitin-
abscheidung zu schliessen wäre. Was aber die Muskulatur anbetrifft, so gewinnt dieselbe hier, wie bekannt,
eine Entwicklung, wie in keinem anderen Theile des
Darmtraktus. Vor allem imponirt die Ringmuskulatur,
deren Querstreifung ausserordentlich deutlich ist. Ausserdem aber finden sich Muskelfasern, welche in die
Innenräume der Platten verlaufen und zwar radial von
der Ringmuskulatur aus. In den mittleren Partien des
Kaumagens werden die Fasern auch radial getroffen. Je
weiter wir aber in unserer Serie nach hinten gehen, desto
mehr fällt uns auf, dass die Fasern nicht mehr ihrer
ganzen Länge nach, sondern schief geschnitten werden
(LM, Fig. I). Die Fasern müssen also immer schiefer
verlaufen, um schliesslich, wie wir weiter unten sehen
werden, als Längsfasern aufzutreten.

Studiren wir nun an der Hand der Abbildungen das
weitere Verhalten unserer Chitingebilde, so sehen wir,
dass Fig. II und III im Allgemeinen dieselben Verhältnisse aufweisen wie Fig. I. Die beiden sich rückbildenden
Hauptplatten haben sich noch mehr verkleinert (rHpl, Fig.
II). Ausserdem beginnen an den Enden der anderen Hauptplatten flügelartige Anhänge (FlA, Fig. 6, 7 und III) zu
entstehen. Auf Fig. 9 sind schon einige dieser Anhänge
zu grösserer Entwicklung gediehen. Die Ringmuskulatur
hat bedeutend an Mächtigkeit verloren. Wir nähern uns
dem Ende des Kaumagens. Hier überrascht uns aber
ein neues Gebilde. Ein zweites Epithel tritt auf (Ep. d.
V, Fig. 9 und IV), das nach aussen hin Chitin aus-

scheidet und zu beiden Seiten, gegenüber den sich rückbildenden Längsstreifen, haben wir rinnenförmige Kanäle

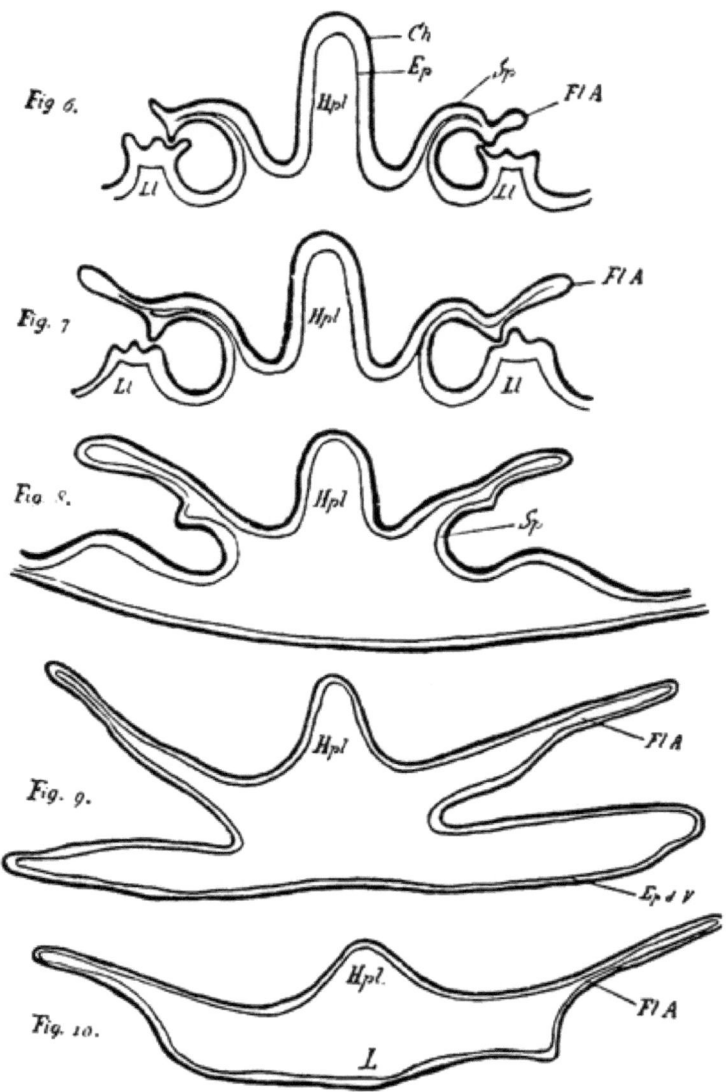

(rC, Fig. IV). Um welches Epithel handelt es sich hier?
Es ist nicht dasjenige des Mitteldarmes; dagegen spricht

Fig. III.

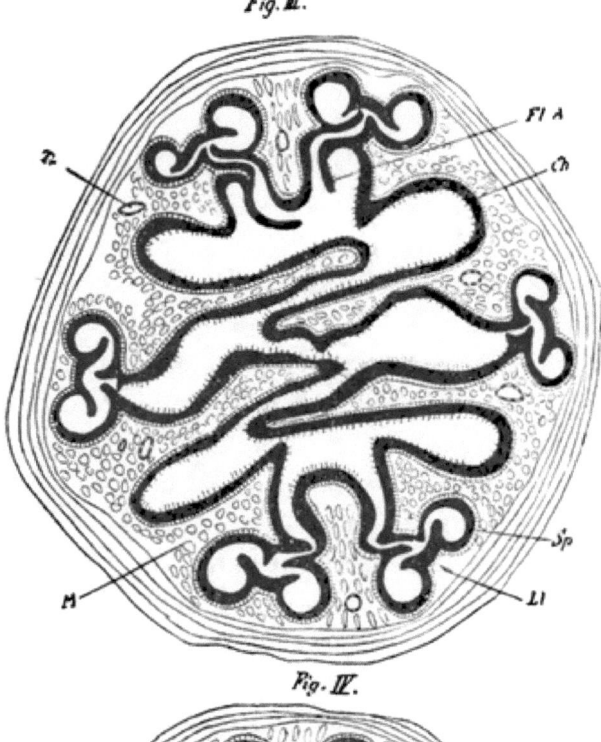

Fig. IV.

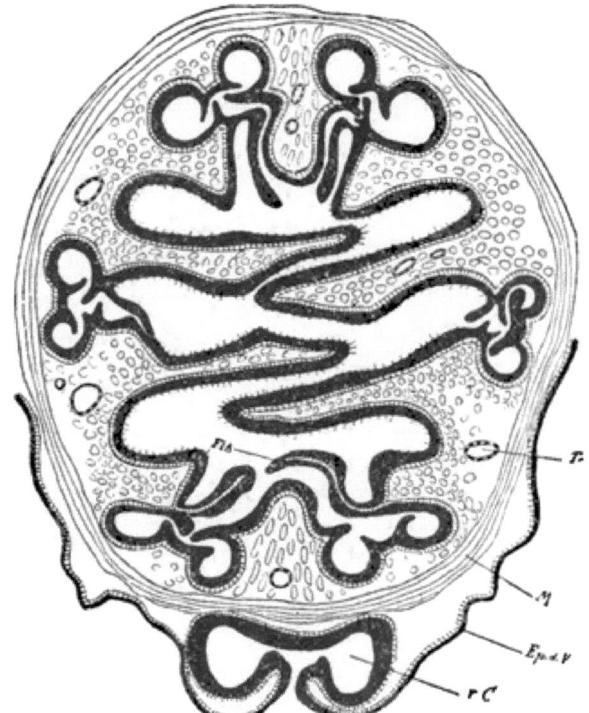

der Bau seiner Elemente und zudem scheidet ja bekanntlich der Mitteldarm kein Chitin aus. Es kann sich nur
noch um das Vorder- oder Enddarmepithel handeln. Letz-
teres fällt sofort ausser Betracht, da sich der Enddarm
erst weiter hinten, am hintern Ende der Mitteldarmsäck-
chens ansetzt und ausserdem auch kein Chitin nach aussen
abscheidet. Die Erklärung der Erscheinung müssen wir
also im Epithel des Vorderdarms suchen. Dass wir dabei
richtig verfahren, wird nachfolgende Betrachtung darthun.

Fig. VI zeigt die flügelartigen Anhänge der Hauptplatten schon von bedeutender Länge; die Ringmuskulatur
und die Spiralen (Sp, Fig. VI) beginnen völlig zu verschwinden. Das vorhin erwähnte Epithel nähert sich demjenigen der Längsstreifen, um sich, wie Fig. VII, VIII
und IX zeigen, an dasselbe anzuschliessen. Die beiden
Längsstreifen haben sich bald völlig rückgebildet; mit
ihnen verkleinern sich auch die rinnenförmigen Kanäle,
und zwar lösen sie sich zunächst in zwei Theile auf (r C,
Fig. VIII), welche sich beide immer weiter rückbilden,
um schliesslich ganz zu verschwinden. Damit sind wir
in das Lumen der Mitteldarmsäckchen gelangt. Wir finden also dort (L 1—4, Fig. X) nur noch die vorhang-
artigen Lamellen, deren Ränder dachziegelartig übereinandergelegt sind. Die Hauptplatten selber haben
sich mehr und mehr verkürzt, so dass sie zuletzt
nur noch als kleine Wölbungen zu erkennen sind. Im
Innern haben wir zunächst ein Epithel, das von zwei
Schichten gebildet wird; dann folgen die Querschnitte
der Muskelfasern (M, Fig. X), die auf einem Längsschnitte
deutliche Querstreifung zeigen. Schliesslich vermissen
wir auch hier nicht einzelne Tracheenäste (Tr, Fig. X),
die sich vom Kaumagen her in die Lamellen hineinziehen.

Letztere bilden, indem ihre Ränder übereinandergelegt sind, eine trichterförmige Röhre, die sich weit in den Anfangstheil des Enddarmes hineinerstreckt, um dort, immer schmäler werdend, in feinen Spitzen zu endigen.

Fassen wir das bisher Gefundene in wenigen Worten zusammen, so ist das Resultat Folgendes:

Das Vorderdarmepithel geht am Ende des Kaumagens nicht direkt in das Mitteldarmepithel über; es setzt sich vielmehr in vier Lamellen fort und scheidet gegen das Innere des Darmlumens hin Chitin aus. Am Hinterende dieser Lamellen wendet es sich nach aussen um, verläuft wieder nach vorn, indem es nach aussen hin Chitin ausscheidet. An der Stelle, wo die Theilung der Längsstreifen in die vier Lamellen noch nicht vollendet ist, bildet das innere Epithel eine zusammenhängende Schicht, die in die Erhöhungen der Platten hinein sich erstreckt; in dieser Region vereinigt sich auch das aus den Lamellen zurückkehrende Epithel zu einer einfachen ringförmigen Zone, um in das Epithel des Mitteldarmes überzugehen. An den beiden Stellen, wo die Längsstreifen sich zurückbilden, findet aber dieser Uebergang etwas weiter vorn statt und zwar in der Weise, dass sich das Vorderdarmepithel halbinselartig in das Epithel des Mitteldarmes hinein erstreckt, den erwähnten rinnenförmigen Kanal bildend. Das Epithel behält natürlich auch hier seinen chitinausscheidenden Charakter bei, wesshalb wir den Kanal nach innen mit einer Chitinschicht besetzt sehen.

Vergleichen wir diese Verhältnisse mit denjenigen anderer, einen Kaumagen besitzender Insekten, so fällt uns auf, dass die meisten Autoren derselben nicht eingehender erwähnen. Wohl spricht Faussek (12) von

Fig. V.

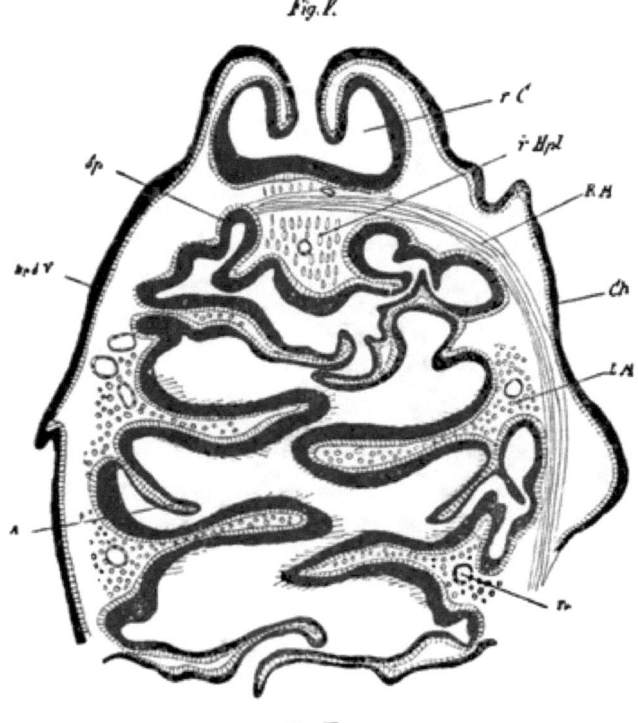

Fig. VI.

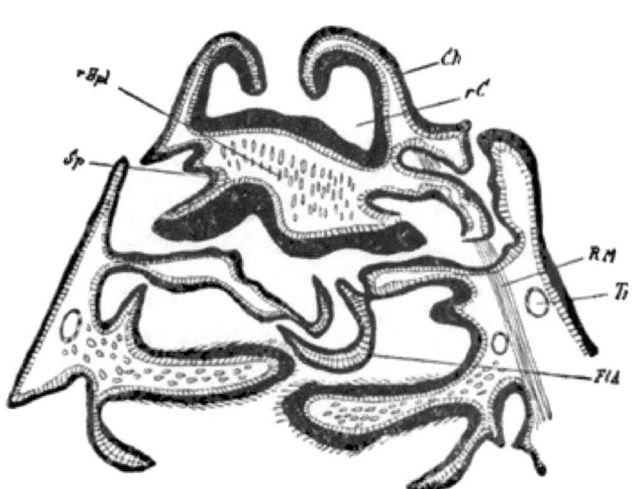

von *Gryllotalpa vulgaris.*

Fig. VII.

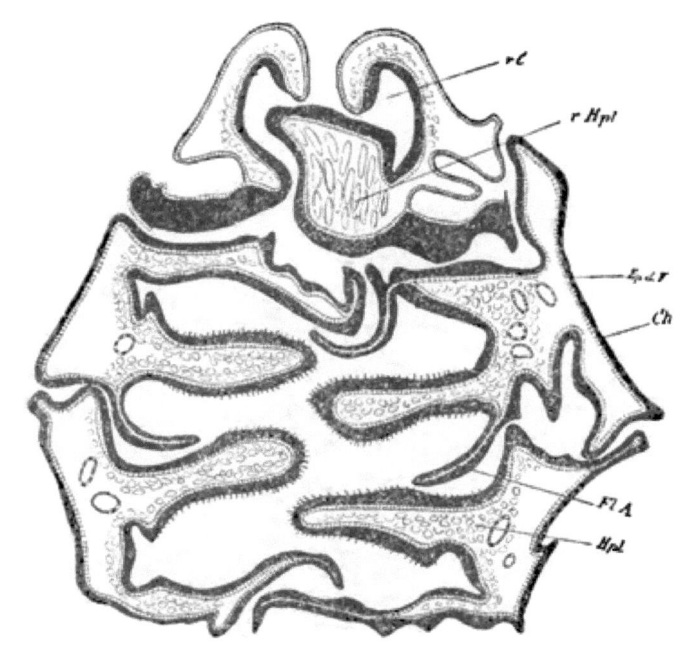

Fig. VIII.

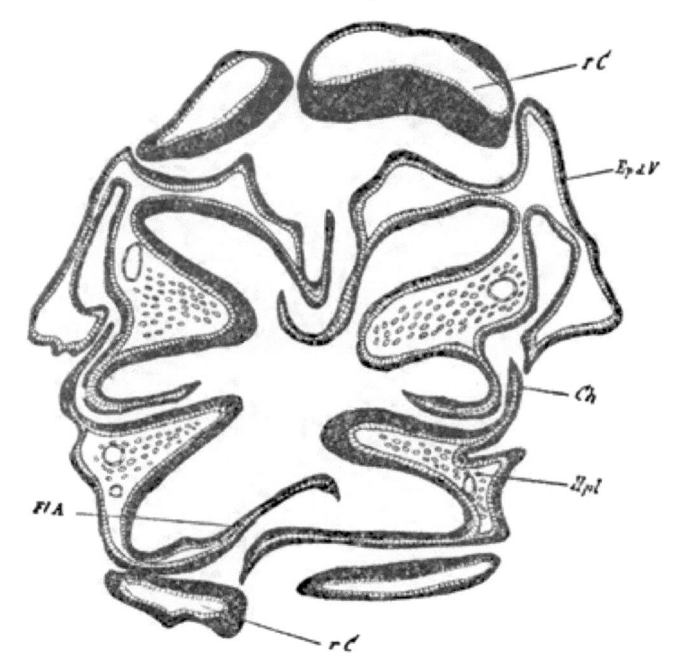

einer kleinen, ringartigen Falte, die in den Mitteldarm
herabhänge; aber über Bau und Funktion desselben wird
nichts gesagt. Wir werden weiter unten sehen, welche
physiologische Bedeutung diesem Gebilde zuzuschreiben
ist, doch genügt die obige Andeutung noch nicht, die
beiden Gebilde zu analogisiren.

Eingehende Untersuchungen über Gryllus campestris L.
hat Antonio Berlese (6) gemacht und dabei auch
den Kaumagen beschrieben. Seine Darstellung weist wenig
Neues auf; denn auch er unterscheidet Längsstreifen mit drei
Reihen von Chitinauswüchsen (Platten). die ihrerseits wieder ausgezackt sind. Zwischen den Längsstreifen sind
Leisten von Chitin (Längsleisten), welche das Organ in
sechs Felder theilen. Es ist ersichtlich, dass diese Darstellung ganz mit derjenigen Graber's (2) übereinstimmt.
Abweichend davon und eigenartig erscheint mir nur die
Bemerkung, dass bei Gryllus campestris sowohl im Anfang als auch am hinteren Ende des Kaumagens Klappen (valvole) vorkommen sollen, was ich in Bezug auf
den vorderen Theil weder irgendwo angedeutet fand, noch
auch bei meinen Untersuchungen selbst beobachten konnte.
Berlese betrachtet den Kaumagen als ein Organ, welches
dazu bestimmt ist, die Nahrung in einen Brei überzu-
führen und erachtete es deshalb wohl als eine Nothwendigkeit, dass eine Klappe den Rücktritt der Speise
aus dem Kaumagen in die vorderen Partien des Darmes
verhindere. Allerdings ist die Muskulatur schon in dem
zwischen Kropf und Kaumagen liegenden Darmstücke
kräftig entwickelt; sie bildet aber nur den allmählichen
Uebergang zur Muskulatur des Kaumagens und nicht eine
besondere Klappenvorrichtung.

Genauer studirte ich diese Verhältnisse auch noch

Fig. II.

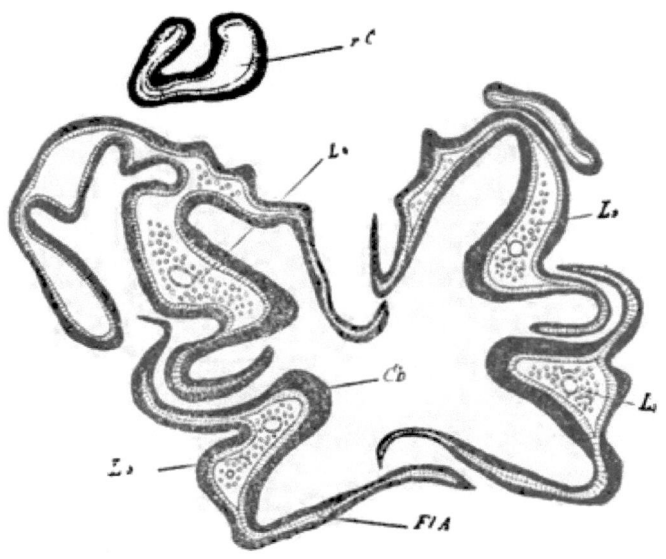

Fig. X.

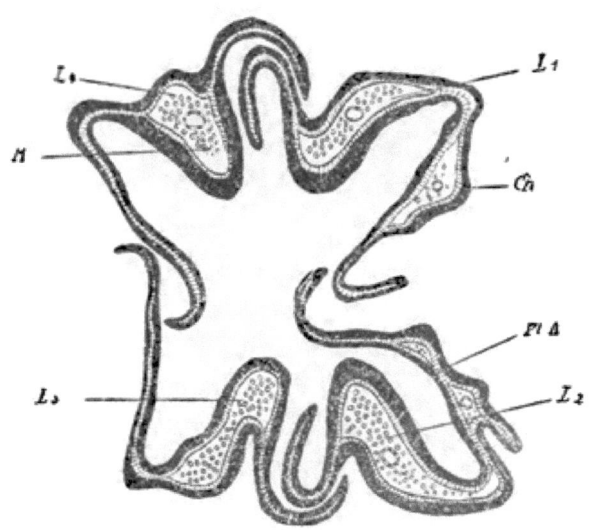

bei Locusta viridissima. Schon ein Totalpräparat zeigt
ganz deutlich eine im Ganzen viel weniger imposante Entwicklung des Kaumagens gegenüber demjenigen von Gryllotalpa. Ferner fehlen die oben beschriebenen Leisten,
indem die Chitinintima mit den Längsstreifen und Längsleisten ohne besondere Verlängerungen an der Ansatz-
stelle des Mitteldarmes plötzlich abbricht. Die Querschnitte lassen ebenfalls einfachere Verhältnisse erkennen.
Die Hauptplatten behalten alle gleiche Länge, wir finden
auch nach hinten keine, die an Grösse dominirten. Die
Nebenplatten und die Längsleisten zeigen die grösste
Regelmässigkeit in Bezug auf Grösse und Anordnung.
Ein Verschwinden der erstern und ein spiraliges Aufrollen der Ränder der Letzteren kann nicht konstatirt
werden. Auffallend schien mir, dass gegen das hintere
Ende zu die Hauptplatten an Grösse abnehmen, während
die Nebenplatten und Längsleisten zunehmen, so dass von
einer bestimmten Region an alle Hervorragungen von
gleicher Höhe sind. Man kann auf diese Weise vierund-
zwanzig Erhöhungen unterscheiden, wobei die Hauptplatten
immerhin an ihrer grösseren Breite erkennbar bleiben.
Von da an nehmen alle Hervorragungen an Grösse gleichmässig ab, um schliesslich in dünnen Lagen zu endigen.
Den von Graber erwähnten, ringförmigen Wulst der Chitinhaut konnte ich nicht finden; denn mit der Muskulatur
nimmt auch die Chitinschicht nach und nach ohne irgend-
welche Anschwellung an Dicke ab. Ein Punkt darf nicht
übergangen werden, zumal er hier noch viel deutlicher
hervortritt als bei Gryllotalpa. Sämmtliche Erhöhungen,
also Haupt- und Nebenplatten, sowie die Längsleisten,
sind auf ihrer Oberfläche mit zahlreichen feinen, langen
Borsten besetzt, deren Bedeutung nachher noch zu be-
sprechen sein wird.

Anton Schneider spricht in seinen Untersuchungen
»über den Darmkanal der Arthropoden« (13) von Bildungen, denen er die Bezeichnungen »Rüssel« und »Trichter«
beilegt. Da er diese Bildungen auch bei der Larve und
bei der Imago vieler Orthopteren gefunden hat, und der
oben beschriebene Apparat wohl mit dem Rüssel identisch
ist, so erscheint eine Bezugnahme auf diese Arbeit ge-
boten. Als »Rüssel« wird ein Organ beschrieben, welches
im Vorderdarm vorkomme und in der Weise entstehe,
dass sich der Vorderdarm an seinem Hinterende umstülpe,
indem er sich nach vorn und aussen umwende. Diese
Umstülpung, dieser »Rüssel«, rage in das Lumen des Mitteldarmes hinein und mit seiner Ausbildung sei eine Aende-
rung im Verlauf der Muskelfasern des Vorderdarmes verbunden, welche vielleicht die mechanische Ursache seiner
Entstehung sei. Diese Notiz erinnert sofort an die oben
beschriebene Vorrichtung, wo sich ebenfalls das Epithel
des Vorderdarmes nach aussen und vorn umstülpt und
nach beiden Seiten hin Chitin ausscheidet. Der Autor
stützt sich bei der Schilderung der Entstehung des »Rüssels«
hauptsächlich auf den Verlauf der Muskelfasern und die
diesbezügliche Stelle lautet: »Die Muskeln des Vorderdarmes sind·im Vordertheil Querfasern, in der Mitte treten
die Längsfasern auf, welche nur ein kurzes Stück mit
dem Vorderdarm verbunden sind. Dann entfernen sie
sich unter einem spitzen Winkel von demselben und gehen
frei nach dem Mitteldarm, setzen sich daran und verlaufen eng mit demselben verbunden nach hinten. Der
Mitteldarm ist immer weiter als der Vorderdarm, so dass
die Längsfasern den Vorderdarm umgeben wie das Balken-
werk einer Thurmspitze. Der Zug dieser Fasern kann
sehr wohl die Entstehung des Rüssels zur Folge haben.«

Bei Gryllotalpa findet man einen solchen Verlauf der Muskelfasern nicht; man kann somit auch schwerlich an eine derartige Entstehung des Rüssels glauben. Im Kaumagen, also am Ende des Vorderdarmes, finden wir eine stark entwickelte Ringmuskulatur, die nach hinten immer mehr an Dicke abnimmt, um sich schliesslich, wie wir gesehen haben, in einer ganz dünnen Lage zu verlieren. Längsfasern, die sich an den Mitteldarm ansetzen und mit demselben nach hinten verlaufen, waren nicht zu beobachten: die Mitteldarmsäckchen weisen, wie schon andere Autoren bemerkt haben, keine oder nur sehr geringe Muskulatur auf. Längsfasern sind vorhanden; sie verlaufen aber nicht an den Mitteldarm, sondern in die Lamellen hinein.

Die zweite Bildung, die Schneider als »Trichter« bezeichnet, kann ich bei Gryllotalpa in keiner Andeutung finden. Die gewöhnliche Form des Trichters, die der oben erwähnten Form des Rüssels entsprechen müsste, würde auf der äusseren Fläche des Rüssels entstehen, nahe an seinem freien Ende, in Gestalt eines mit seiner Chitinschicht verbundenen Rohres, welches zunächst dem Rüssel eng anläge, sich aber, weit über denselben hinaus sich verlängernd, als Rohr durch den Mittel- und Enddarm bis an den After erstreckte. So Schneider. In meinen Präparaten war von einer derartigen Fortsetzung des Chitins von den erwähnten Lamellen aus nach hinten nichts zu sehen. Gegen das Vorkommen eines solchen geschlossenen Rohres bei unserem Objekte spricht ferner noch die Erwägung, dass durch dasselbe die Nahrung völlig abgeschlossen sein und desshalb die Wände des Mitteldarmes nicht berühren würde, so dass Verdauung und Resorption nur durch Endosmose stattfinden könnte. Da aber die

Mitteldarmsäckchen in Wirklichkeit zeitweise mit Nahrung
angefüllt sind, so schliesst das ein Vorhandensein eines
ihr Lumen der Länge nach durchziehenden Rohres, also
eines »Trichters«, von vorneherein aus. Es handelt sich
in unserem Falle um jene Lamellen, die bei aufeinander-
gelegten Rändern allerdings ein Rohr bilden, das die Form
eines »Trichters« besitzt, das aber nicht bis zum After
reicht und auch nicht auf die von Schneider beschriebene Weise entstanden ist,

Auch Frenzel hat in seiner Arbeit „Einiges über
den Mitteldarm der Insekten sowie über Epithelregeneration" (11) den Verdauungstraktus von Gryllotalpa in
den Bereich seiner Untersuchungen gezogen. Obwohl er
dieses Objekt unter denjenigen aufzählt, die von ihm »ausführlicher behandelt« worden seien, so scheinen ihm doch
die oben dargestellten Verhältnisse entgangen zu sein.

Gryllotalpa ist ihm überhaupt ein geeignetes Objekt
für den Nachweis, dass der Mitteldarm nicht den beiden
Funktionen der Verdauung und Resorption zugleich dienen
könne. In fast allen ihm bekannt gewordenen Fällen sei
der Mitteldarm von bedeutender Länge und Ausdehnung;
davon aber mache Gryllotalpa eine ganz merkwürdige
und gegen die Resorptionstheorie sprechende Ausnahme,
da man hier von einem Mitteldarm als solchem überhaupt
nicht sprechen könne. Dieser werde repräsentirt durch
zwei paarige Säckchen, welche sich seitlich am Ende
des Vorderdarms befinden, worauf sich »sofort der chi-
tinöse Enddarm« ansetze, dessen ausserordentliche Länge
und Dickenentwicklung auffallend sei. Sehr wichtig ist
ferner für uns folgende Ausführung des genannten Autors:
»Behandelt man den ganzen Darmtraktus mit Kalilauge,
so sieht man, wie binnen Kurzem die beiden seitlichen

Säckchen verschwinden, während der ganze Schlauch
in seinem Zusammenhang bestehen bleibt, also innen
vollständig chitinös ist. Beim Zerren reisst er höchstens
an der Uebergangsstelle von Vorder- und Enddarm aus-
einander.«

Aus diesen Worten lässt sich schliessen, dass der
Verfasser die Chitinschichten des Vorder- und Enddarmes
als in direktem Zusammenhang stehend denkt; sonst könnte
ja nicht »der ganze Schlauch in seinem Zusammenhang
bestehen« bleiben und beim Zerren höchstens an »der
Uebergangsstelle von Vorder- und Enddarm« auseinander-
reissen. Die citirte Angabe wäre zutreffend, wenn sich
ein Schneider'scher Trichter nachweisen liesse. was aber
nicht der Fall ist. In der That bleibt zwar der Chitin-
schlauch nach der Präparation mit Kalilauge in seinem
Zusammenhange bestehen; aber das rührt nicht davon
her, dass das Chitin des Vorder- mit dem des Enddarmes verwachsen ist, sondern steht im Zusammenhang mit den beschriebenen Lamellen. Wie erwähnt,
ragen diese weit in das Lumen des Enddarmes hinein,
widerstehen, weil sie chitinöser Natur sind, der Einwir-
kung von Kalilauge, und erhalten, indem sie im Chitin-
rohr des Enddarms stecken bleiben, Vorder- und Enddarm
im Zusammenhang. Ein leises Zerren genügt, ohne
irgend welches Zerreissen die Anhängsel aus dem End-
darmstück herauszuziehen und so die beiden Darmabschnitte zu trennen. Meist geschieht das schon bei dem
Herausheben des Darmtraktus aus der Kalilauge.

Bevor wir nun einige physiologische Betrachtungen
über den Kaumagen anschliessen, ist Einiges über die
neueren Anschauungen bezüglich der sogenannten Klappenvorrichtungen im Darmkanal vorauszuschicken. Viele Au-

toren erwähnen, dass an der Uebergangsstelle von Vorder-
und Mitteldarm einerseits und von Mittel- und Enddarm
andererseits Einrichtungen vorhanden seien, um einen zu
raschen Uebergang des Darminhaltes von einer Abtheilung in die andere oder gar ein Zurücktreten desselben
zu verhindern. Diese Klappen weisen im Grossen und
Ganzen einen übereinstimmenden Bau auf, wie sich namentlich in folgenden Punkten zeigt:

1) in der starken Entwicklung der Ringmuskulatur;

2) darin, dass das Epithel grosse Vorsprünge in Form
von Wülsten (Längsstreifen) bildet;

3) darin, dass die Chitinintima immer von bedeutender Dicke und meist mit borstenartigen Auswüchsen versehen ist.

Faussek (12) erwähnt im Darmkanal der Eremobia
drei starke Muskelklappen, deren eine beim Uebergange
des Vorderdarmes in den Mitteldarm zu suchen wäre.
Er beschreibt aber in jenem Abschnitt die Klappenvorrichtung nicht genauer, während er den Bau der beiden
andern eingehend behandelt. Wir sollen wohl als Klappe
»die mit Chitinzacken ausgerüstete Falte des Kaumagens«
betrachten; doch können wir dies nicht ohne Weiteres
thun, da gerade das Vorhandensein einer Ringmuskulatur
um die eine »besondere Dicke« erreichende Intima nicht
angegeben wird.

Weit ausführlicher wird seine Beschreibung einer
Klappenvorrichtung bei dem andern von ihm untersuchten
Objekte, der Aeschnalarve. Die Schilderung erinnert viel-
fach an diejenige Schneider's über den Bau des »Rüssels«.
Namentlich folgende Punkte sind nach Faussek wichtig:
An der Vereinigungsstelle des Mitteldarmes der Aeschna-
larve mit dem Vorderdarm gehen die Wände dieser Ab-

theilungen der Art ineinander über, dass der Vorderdarm
in eine enge Röhre ausgezogen in das Lumen des Mitteldarmes hineinragt, so dass die Wandung des Mitteldarmes
eine cirkuläre Falte bildet, welche diese terminale Ver-
engerung des Vorderdarmes umgibt und fest an derselben
anliegt. »Diese Röhre bildet damit eine Klappe, welche
die eine Abtheilung des Darmes von der andern absperren
und den vorzeitigen Uebergang der Nahrung in den Mitteldarm verhindern kann. Zu diesem Zwecke dienen grosse
Falten ihres Epithels und eine stark entwickelte Ringmuskulatur, welche durch ihre Kontraktion die Falten der
Epithellage einander näher bringt und das Lumen der
Röhre ganz schliessen muss. Eine stark entwickelte Intima dient noch mehr dazu, diesen kurzen Endtheil des
Vorderdarmes recht fest zu verschliessen. Die Intima ist
am stärksten am letzten Ende des hineinragenden End-
theiles des Vorderdarmes, da, wo sein Epithel, das demjenigen der ganzen vorderen Darmabtheilung gleich kommt,
beim Uebergang auf die Falte des Mitteldarmes durch
das Epithel des letzteren ersetzt wird. An den vorderen
Rand der Ringfalte sind die Längsmuskelstämme des
Vorderdarmes befestigt, während der Theil des Vorderdarmes, der in Form einer engen Röhre in den Mitteldarm eindringt, einer Längsmuskulatur entbehrt.«

Schneider's Beschreibung des »Rüssels« und die
eben angeführte von V. Faussek stimmen in wesentlichen Punkten überein. Bei beiden handelt es sich um
eine Umstülpung des Vorderdarmes, welche in das Lumen
des Mitteldarmes hineinragt, um Längsmuskelfasern, welche
sich vom Vorderdarm aus an den Mitteldarm ansetzen,
endlich um Wülste, die von einer dickeren Chitinlage
gebildet sind. Es unterliegt keinem Zweifel, dass beide

Autoren das nämliche Organ vor sich hatten. Leider gibt Schneider keine Andeutungen über die physiologische Bedeutung des »Rüssels«, während Faussek dieselbe Bildung als »Muskelklappen« bezeichnet. Ich werde weiter unten zeigen, dass eine solche »Muskelklappe« nicht nur an der Uebergangsstelle von Vorder- und Mitteldarm vorkommt, sondern bei Gryllotalpa auch im Gebiete des Enddarmes. Sie übernimmt hier unbestreitbar die Funktion, einen allzufrühen Uebertritt der Nahrung aus dem Mitteldarm zu verhindern. Der analoge Bau weist auch auf ihre gleiche Funktion hin. Wenn nun, wie aus obigen Angaben zu schliessen, der »Rüssel« und die »Muskelklappe« der beiden Autoren einander entsprechen, so ist dieser Klappenapparat unter den Insekten weit verbreitet. Schneider zählt denn auch eine ganze Anzahl von Vertretern der verschiedenen Ordnungen auf, deren Larven und Imagines einen »Rüssel« besitzen.

Die Frage liegt nahe, ob auch bei Gryllotalpa am Ende des Vorderdarmes eine solche Klappenvorrichtung vorkomme. Das führt uns indessen zunächst zur Betrachtung der physiologischen Bedeutung des Kaumagens und seiner Anhänge.

Man ist fast allgemein der Ansicht, dass der Kaumagen, wie sein Name andeutet, als eine Vorrichtung anzusehen sei, welche die Aufgabe habe, die aufgenommene Nahrung nochmals möglichst zu zerkleinern. Diese Annahme hat ihre scheinbare Berechtigung. Eignen sich nicht die mächtige Muskulatur und die Chitinbewaffnung zu einem Kauapparat? Bei Gryllotalpa sind diese Gebilde so sehr entwickelt, dass man ihren Kaumagen geradezu als Typus eines Zermalmungsapparates aufzustellen pflegt. In den letzten Jahren sind dem gegenüber Ansichten laut ge-

worden, die dem Kaumagen die Bedeutung eines Kau-
apparates absprechen und ihm vielmehr die Funktion einer
Klappe zuschreiben. Diese zwei Ansichten stehen nun-
mehr im diametralen Gegensatze und es ist wohl am Platze,
die Frage etwas eingehender zu studiren.

Am Schlusse der allgemeinen Darstellung über den
anatomischen Bau des Proventriculus bei den Gryllen und
Laubheuschrecken sagt Graber Folgendes über die
physiologische Bedeutung dieses Organes: »Dass der ge-
nannte Abschnitt (Proventriculus = Kaumagen) nur zur mechanischen Zerkleinerung der aus dem Oesophagus in
denselben übergehenden Nahrung bestimmt, also ein wahrer
Kaumagen sei, das lässt uns schon ein ganz oberfläch-
licher Blick auf die Einrichtung dieses Organs vermuthen,
und es wird diese Vermuthung zur Ueberzeugung, wenn
wir die aus dem Proventriculus austretenden ausserordentlich fein zertheilten Nahrungstheilchen mit jenen der
Speiseröhre vergleichen, in der meist noch viele ziemlich
grosse Stücke sowohl von animalischen als vegetabilischen
Stoffen vorkommen. — Die Art und Weise der Zerkleinerung der Nahrungsprodukte ist im Wesentlichen die,
dass durch die Contraction der an diesem Organ so mäch-
tig entwickelten Muskelhaut das Chitingerüst gleichfalls
zusammengeschnürt wird, wodurch sich das Vacuum des
Kaumagens bedeutend verringert und die in demselben
befindlichen Nahrungsstoffe zwischen die einzelnen Reihen
der meist mit Zacken, Zähnen etc. ausgestatteten Chitinplatten gepresst werden, welche dann, wie Mühlsteine,
die in Leistenvertiefungen befindlichen Nahrungsprodukte
zermalmen.«

Wie ersichtlich, stellt Graber die zermalmende
Thätigkeit des Kaumagens als unbestreitbar hin.

Milne Edwards (Leçons sur la physiologie et l'anatomie comparée, Paris 1859, T. V) hält das gegen den Mitteldarm zugekehrte, hintere Stück des Kaumagens für eine Klappenvorrichtung, die dazu dient, einen allzu raschen Durchgang der Nahrung in den folgenden Darmabschnitt zu verhindern.

Felix Plateau (3) aber betrachtet nicht nur den Endtheil, sondern den ganzen Kaumagen als Klappenapparat, dessen Funktion sich darauf beschränke, die Nahrung in den Mitteldarm filtriren zu lassen und ihren Rücktritt zu verhindern. Die Beweise, die der letztere Autor für seine Behauptung anführt, sind folgende:

1) Bei genauerer Untersuchung des Mitteldarminhaltes findet man in demselben die einzelnen Nahrungspartikelchen von gleicher Dimension wie im Kropf; das deutet darauf hin, dass sie seit ihrem Durchgang durch die Kiefer nicht mehr zerkleinert worden sind.

2) Am Bau des Kaumagens selbst fällt auf, dass zwischen den sechs Längsstreifen ebensoviele tiefe Furchen liegen, und beim Oeffnen zeigt sich, dass die Nahrungspartikelchen am Grund der Furchen hinabgleiten und sich nicht an der Oberfläche der mit einer starken Chitinschicht versehenen Wülste befinden, als der geeignetsten Stelle zu ihrer Zermalmung.

Der erste Punkt scheint mir sehr wichtig zu sein; denn eine genaue Untersuchung des Inhaltes in den verschiedenen Regionen des Darmtraktus muss Aufschluss geben über die mechanische Thätigkeit der Darmabschnitte, welche die Nahrung zu passiren hat. Desshalb wiederholte ich die diesbezüglichen Versuche von Graber und Plateau. Man muss dabei aber wohl unterscheiden zwischen dem Inhalt des Kropfes, der Mitteldarmsäcke und des Enddarmes, natürlich in Beziehung auf Dimension und Form der einzelnen Partikelchen, da wir es hier nur mit einer mechanischen Thätigkeit zu thun haben und nicht mit einer chemischen Veränderung. Schon im Kropf ist die Nahrung so sehr zerkleinert und vielfach verändert, dass es nur schwer hält, mit Bestimmtheit festzustellen, welcher Art sie ist, da sowohl die meisten vegetabilischen als animalischen Stoffe fast bis zur Unkenntlichkeit entstellt sind. Ja, man hat sogar den Eindruck, als wären gewisse Theile der Nahrung von andern Thieren, die der Gryllotalpa zur Beute fielen, schon einmal verdaut worden. Es wäre das wohl möglich, da die Nahrung dieses Insektes nebst vegetabilischen Stoffen auch aus animalischen, z. B. Insektenlarven, bestehen soll. Mit Sicherheit konnten etwa Epidermiszellen und Bastfasern constatirt werden, die aber auch im Enddarm wieder in gleicher Grösse zu finden sind. Besonders erwähnen will ich noch, dass es mir gelang, bei mehreren Individuen Gefässe mit deutlichen Tüpfeln zu beobachten und zwar in Kropf, Kaumagen und Enddarm derselben; ein Beweis, dass die Partikelchen vom Kopf an nicht mehr zerkleinert wurden, wiewohl sie nicht so hart sind wie Chitin- oder gar Mineralpartikelchen.

Um in Beziehung auf die Lagerung des Darminhaltes völlig sicher zu gehen, stellte ich Querschnitte durch ganze Individuen her. Im Lumen des Kaumagens lagen die Nahrungspartikelchen im Grunde der zwischen den Längsstreifen verlaufenden Furchen. Zieht man einen Vergleich zwischen dem Inhalte des Kropfes und dem des Kaumagens, so bemerkt man, dass in diesem die Nahrung allerdings viel lockerer ist als im Kropfe. In letzterem wie im Enddarm sind die Partikelchen zusammen-

gepresst, so dass bei der Untersuchung auf dem Objekt-
träger ein Stück Darminhalt entweder mit Nadeln aus-
einandergezupft oder unter dem Deckglas zerdrückt werden muss. Die Lockerung, die wir im Kaumagen beob-
.achten, kann theilweise schon in dem Stück zwischen
Kropf und Kaumagen geschehen; zu einem völligen Aus-
einanderreissen des Inhaltes kommt es aber wohl erst im
Kaumagen, dessen Bau zu einer solchen Arbeit vorzüg-
lich geeignet ist.

Auch ein anderer Punkt ist noch zu Gunsten von
Plateau's Ansicht in's Feld zu führen. Wie wir gesehen haben, erweist sich bei genauerer Betrachtung die
Oberfläche der Haupt- und Nebenplatten sowie der Längsleisten als mit Borsten und nicht mit Zacken und Zähnen
besetzt. Die Borsten, die eine ganz bedeutende Länge
erreichen können, sind bald gröberer, bald feinerer Art.
Wie sollte sich aber eine derartig beschaffene Oberfläche
zum Zermalmen harter Nahrung eignen? Müsste die
Chitincuticula nicht vielmehr glatt, oder wenigstens mit
starken, höckerartigen Verdickungen versehen sein? Der
Borstenbesatz spricht weit mehr gegen die Annahme
einer hier erfolgenden Zerkleinerung von Nahrungsstoffen
als dafür.

Ferner sind auch die Mundtheile in Betracht zu ziehen.
Wären die Mundwerkzeuge nur wenig zur Zerkleinerung
der Nahrung geeignet, dann müssten wir im Darm ein
Analogon z. B. zum Kaumagen der Vögel suchen, dessen
Ausstattung mit Platten bekanntlich ein Zermalmen harter
Samenkörner ermöglicht, während sich der Schnabel solcher Vögel sehr wenig dazu eignet. Bei Gryllotalpa ist
aber die Grösse der Fresswerkzeuge recht auffallend. Daher auch die Nothwendigkeit eines grossen Kopfes. Denn

jene bedürfen einer starken Muskulatur, welche ihrerseits in diesem Platz finden muss. Eine solche Entwicklung der Oberkiefer, mit welchen die Nahrung gleichsam wie bei den Nagern in kleinen Stücken abgenagt wird, wäre wohl nicht vorhanden, wenn die Speise später nochmals· zerkaut werden müsste. Ausserdem erscheinen mir Chitin-bewaffnung und Muskulatur des langen dünnen Oesopha-gus von zu geringer Stärke, als dass sie grössere Nah-rungstheile in den Kropf befördern könnten; wie denn wirklich auch der Inhalt desselben Partikelchen von glei-cher Grösse und Form, wie weiter hinten, aufweist. Ein Vergleich der Wiederkäuer mit den einen Kaumagen be-sitzenden Insekten ist nicht recht passend. Erstere kauen das abgebissene Futter kaum; es muss also behufs ge-höriger Ausnutzung des Materials später nochmals gekaut werden. Bei Gryllotalpa aber ist die Speise, wie gesagt, schon im Kropf äusserst fein zerkleinert, eine zweite Zer-malmung wäre daher wohl überflüssig.

Untersuchen wir den Inhalt der Mitteldarmsäckchen, so finden wir auch bei stärkster Vergrösserung keine gröberen Partikelchen, sondern nichts als einen feinen Brei. Zöge man also nur diesen Inhalt im Vergleich zu demjenigen des Kropfes in Betracht, so müsste man eine irgendwo stattgehabte Zerkleinerung annehmen. Hier aber zeigt sich die physiologische Bedeutung der oben geschilderten vier Lamellen. Das sehr zarte Epithel des Mitteldarmes soll mit den gröberen Partikelchen, namentlich solcher mineralischer Natur, die sehr scharfkantig sind, nicht in Berührung kommen. Dazu bedarf es eines besonderen Apparates, den Schneider in seinem »Trich-ter« gefunden zu haben glaubt, dessen physiologische Be-deutung ihm darin liegt, dass er den Mitteldarm vor der

Berührung mit harten Gegenständen schütze und dadurch
die Thiere, welche ihn besitzen, befähige, feste Theile zu
verschlucken. Auch Schneider erachtet also eine Schutzvorrichtung für den Mitteldarm als nothwendig; doch
weichen unsere Ansichten darin sehr wesentlich von denjenigen Schneider's ab, dass durch den »Trichter«
sämmtliche Nahrungstheilchen vom Mitteldarm fern-
gehalten werden, durch unsere Filtrirvorrichtung aber
nur die gröberen Partikelchen.

Den Werth besonderer Vorrichtungen zum Schutz
der Mitteldarmzellen haben auch noch andere Autoren
hervorgehoben. So bemerkt Graber in seinem schon erwähnten Aufsatze (2): »Von besonderer Wichtigkeit ist
auch der enge durch die ringförmige Anschwellung der
Chitin- und Muskelhaut hergestellte Verschluss an der
Ausmündung des Proventriculus, wodurch bewirkt wird,
dass nur die bereits sehr fein zermalmten Nahrungsstoffe
in den Chylusmagen übergehen, während die vom Oesophagus continuirlich in den Kaumagen nachgeschobenen
noch gröberen Stoffe, die sich dortselbst mit den feineren
mischen, die ausserordentlich enge und überhaupt nur bei
der Ausdehnung des Proventriculus offenstehende Mündung nicht passiren können.«

Von dem gleichen Autor führen wir aus seinem Werke
»die Insekten« (4) eine diesbezügliche Stelle an: »Wichtig
ist der starke Schliessmuskel oder Pförtner des Kaumagens, der von dessen Inhalt nicht eher etwas in den
Mitteldarm übertreten lässt, bevor es nicht gehörig zerkleinert und zugleich für die überaus zarten Wandungen
desselben unschädlich gemacht ist.«

Bei den obigen anatomischen Betrachtungen fanden
wir im ganzen Gebiete des Kaumagens hinter dem dazu-

gehörigen Ringmuskel keinen zweiten Schliessmuskel mehr,
der die spezielle Aufgabe hätte, den Kaumagen zu schliessen. Die Muskulatur nimmt vielmehr nach hinten zu an
Stärke ab, was nicht der Fall wäre, wenn noch irgend
eine Stelle die Aufgabe eines Pförtners zu übernehmen
hätte. Da nun eine nochmalige auffallende Verdickung
der Muskulatur bei Gryllotalpa nicht constatirt werden
kann und alle Autoren darin einig sind, dass an der
Uebergangsstelle von Vorder- und Mitteldarm eine Klappenvorrichtung vorhanden sein muss, so können wir dieselbe
bei Gryllotalpa nur im Kaumagen selbst suchen; denn
das hintere Ende hat eine andere physiologische Aufgabe
übernommen.

Dass aber eine Klappenvorrichtung allein nicht genügt, den Mitteldarm vor Berührung mit harten Partikelchen zu schützen, haben schon ältere Autoren einge-
sehen. Leydig (8) und andere Forscher sprechen von
einer mit Poren versehenen Cuticula, welche die Mitteldarmzellen überziehe, um den Darminhalt von demselben
fern zu halten. Nach neueren Autoren handelt es sich
hier nicht um eine Cuticula, sondern um ein Gebilde, das
von Frenzel den Namen »Härchensaum« erhalten hat.
Ueber die physiologische Bedeutung desselben sagt Frenzel Folgendes (11): »Der Härchensaum lässt irgend eine
aktive Thätigkeit nicht erkennen; die einzelnen Härchen
dienen nicht etwa wie Pseudopodien zum Erfassen der
Nahrung und natürlich noch viel weniger wie Flimmern
zum Weiterbefördern derselben. Vielmehr muss darin
ihre Hauptaufgabe gesucht werden, dass sie wie ein Schutz-
deckel, physiologisch also wie eine Cuticula, für die Zellen
dienen, damit letztere nicht mit den oft harten und scharf-
kantigen Speisebestandtheilen in unmittelbare, sie leicht
beschädigende Berührung kommen.«

Eine andere Art von Schutzvorrichtung finden wir nun bei Gryllotalpa. Im Ruhezustande hängen die vier Lamellen mit übereinandergelegten Rändern, gleichsam eine trichterförmige Röhre bildend, in den Anfangstheil des Enddarmes hinab. Mit der Kontraktion der Muskulatur des Kaumagens kontrahiren sich auch die Längsfasern in den Lamellen. Dadurch werden diese gegen das Lumen der Mitteldarmsäckchen in der Weise hineingewölbt, dass die Ränder der Lamellen etwas von einander weichen und die fein zertheilte Nahrung in den Mitteldarm filtriren kann, während die gröberen Partikelchen zurückgehalten werden. Erfolgt die Retraktion des Kaumagens, so kehren die Lamellen in ihre ursprüngliche Lage zurück: aus dem Kaumagen kann neue Nahrung eintreten, diese aber drängt die vorhin zurückgebliebenen gröberen Partikelchen weiter gegen den Enddarm hin.

Nun ist uns klar, warum der Mitteldarm nur breiartige Nahrung enthält und unsere Lamellen verdienen somit den schon gebrauchten Namen eines Filtrirapparates. Bei dem ganzen Vorgang spielt also der Kaumagen die Rolle einer Klappe, indem er bei der Kontraktion einen Rücktritt der Speise aus dem durch die Falten gebildeten Lumen verhindert. Zu dieser Aufgabe eignet sich besonders sein hinterer Theil. Es ist nicht zu verkennen, dass bei der starken Entwicklung der Chitinintima die Hauptplatten eine gewisse Steifheit besitzen. Bei der Kontraktion der Muskulatur werden dieselben gegen einander gepresst, ein Ausweichen muss aber erfolgen können, um ein möglichst geschlossenes Ineinandergreifen zu ermöglichen, ähnlich wie die Finger zweier Hände ineinandergreifen. Da ist nun die Spiralvorrich-

tung ausgezeichnet geeignet, zur Starrheit der Chitingebilde ein Gegengewicht zu bilden, indem sie in Verbindung mit der Muskulatur auch seitliche Bewegungen
ermöglicht und so eine Klappe darstellt, die völlig ge-
schlossen werden kann.

Oben wurde schon angedeutet, dass namentlich der
vordere Theil des Kaumagens dazu bestimmt scheint, die
Speise zu lockern. Sollen die kleinen Partikelchen im
Filtrirapparat leicht durchsickern können, so müssen sie
vorerst von den gröberen Theilchen gehörig getrennt
werden und das kann im Kaumagen durch das Durch-
hecheln der Nahrung mit Hülfe der zahlreichen Borsten
in ausgiebiger Weise geschehen.

Soll ich die in Beziehung auf den Kaumagen ge-
fundenen Thatsachen kurz zusammenfassen, so ergibt sich
Folgendes:

1. Die vier bis in den Enddarm reichenden Lamellen
sind Gebilde, die hervorgehen aus vier Längsstreifen des
Kaumagens, indem sich das Epithel nach hinten fortsetzt,
sich nach aussen und vorn umwendet, um dann in das
Epithel des Mitteldarmes überzugehen.

2. Ein »Trichter« im Sinne Anton Schneider's
ist bei Gryllotalpa nicht vorhanden. Die ihm zugeschrie-
bene Funktion wird übernommen durch die vier Lamellen.
Indem diese eine Filtrirvorrichtung darstellen, dienen sie
als Schutzapparat für den Mitteldarm.

3. Auch bei Gryllotalpa bestätigt es sich, dass der
Kaumagen selbst nicht als Zerkleinerungsapparat der
Nahrung aufzufassen ist, sondern namentlich in seinem
hinteren Ende die bei Insekten ohne Kaumagen vorkom-
mende Klappenvorrichtung vertritt.

4. Als eine weitere Funktion des Kaumagens ist zu

betrachten, dass, behufs leichteren Uebertrittes der Nahrungspartikelchen in die Mitteldarmsäckchen, die aus dem Kropf gepresste Nahrung von den Chitinzähnchen fein zertheilt wird.

2. Der Enddarm.

Der Enddarm übertrifft in Bezug auf seine Länge die beiden ersten Abschnitte bei weitem. Viele Autoren sind geneigt, gerade an diesem Abschnitte verschiedene Unterabtheilungen anzunehmen. Könnte z. B. die äussere Form als Eintheilungsgrund gelten, so liessen sich bei der Gryllotalpa vier Abtheilungen unterscheiden, nämlich ein trichterförmig nach hinten sich verengender erster Theil, ein zweiter sich ansehnlich erweiternder bis zur Einmündung der Malpighi'schen Gefässe, ein dritter enger Theil bis zum Rektum und ein vierter, nämlich das weitlumige Rektum selbst.

Der erste Theil des Enddarmes stellt sich in gewissen Beziehungen ganz in den Dienst des Mitteldarmes. Die Uebergangsstelle vom Mitteldarm aus macht sich äusserlich durch eine leichte Einschnürung kenntlich, mit welcher sich der Enddarm in einer trichterförmigen Erweiterung abhebt. Komplizirt ist der Uebergang in den übrigen Theil des Enddarmes, der an dieser Stelle sein Lumen bedeutend erweitert. Das erste Stück geht nicht einfach allmälig sich verbreiternd in das zweite über; der Uebergang geschieht sozusagen plötzlich und zwar in der Weise, dass der erste Theil als dünne Röhre in den zweiten Theil hineinragt, so dass auf einer Reihe von Schnitten zwei ineinanderliegende Querschnitte beobachtet werden können. Der innere Querschnitt gehört dem eingestülpten Stück des vordern Abschnittes an

und unterscheidet sich vom aussen liegenden vornehmlich
in zwei Punkten. Der erste bezieht sich auf die Muskulatur. Fassen wir deren Stärke auf der ganzen Serie
ins Auge, so finden wir bei den inneren Querschnitten
einen allmäligen Uebergang von einer dünnen Muskel-
lage zu einer sehr kräftigen Muskelschicht an der Stelle
der Umstülpung. Hier wird sie auf einmal dünner und
in die Ringmuskulatur des zweiten Abschnittes übergehend
erreicht sie nie mehr die frühere Mächtigkeit. Der zweite
Punkt betrifft die Chitinbildungen. Die schon im Vorderdarm erwähnten sechs Längsstreifen sind auch in den
innern Querschnitten zu sehen und zwar erreichen sie
eine bedeutende Höhe. Die Chitinintima ist kräftig entwickelt und trägt zahlreiche feine Borsten. Die äusseren
Querschnitte aber lassen eine Bildung erkennen, die wir
im ganzen Darm bis anhin noch nicht getroffen haben.
Wir finden nämlich hier keine eigentlichen Längsstreifen
mehr, sondern einen Kranz von zahlreichen zottenartigen
Erhöhungen, in welche sich Muskelfäden erstrecken. Die
Chitinschicht ist namentlich auf den Zotten reichlich mit
Stacheln besetzt, die von verschiedener Länge, immer
aber an der Spitze der Zotten am längsten sind. Das
Epithel des ersten Abschnittes geht ohne Veränderung
in dasjenige des zweiten über, während die Längsstreifen
an der Umbiegungsstelle endigen.

Wir haben oben schon erwähnt, dass Gebilde von
ähnlichem Bau auch bei andern Insekten gefunden und
als Klappenvorrichtungen oder »Sphincteren« bezeichnet
worden sind. Solche Klappen müssen wir an den Ueber-
gangsstellen vom Vorderdarm in den Mitteldarm einerseits und an derjenigen vom Mitteldarm in den Enddarm
andererseits suchen. In unserem Falle hat ein Stück

des Enddarmes ausschliesslich die Bildung einer im Dienste des Mitteldarmes stehenden Klappe übernommen. Der vor der Klappe liegende Theil des Enddarmes hilft also, wenn man so sagen darf, das Lumen des Mitteldarmes vergrössern und ist auch, wie die Untersuchung zeigt, mit dem breiartigen Inhalt des Mitteldarmes angefüllt.

Ich betone aber noch besonders, dass das Epithel in diesem Darmtheile dem Bau seiner Elemente nach ganz mit demjenigen des übrigen Enddarmes übereinstimmt und also auch nach innen eine deutliche Chitinschicht ausscheidet.

Frenzel erwähnt bei Gryllotalpa einen nach hinten zu liegenden, winzigen gefiederten Anhang, der gleichfalls zum Mitteldarm gehöre. Bei genauerer Untersuchung ergibt es sich, dass zwei Anhänge vorhanden sind, die einen übereinstimmenden Bau zeigen. Es sind kleine drüsenartige Gebilde, die sich jedes von einem einzigen Stämmchen aus baumartig verzweigen. Die Ausführungsgänge aber münden in den Anfangstheil des Enddarmes.

Die zweite Abtheilung des Enddarmes, welche sich bis zur Einmündung der Malpighi'schen Gefässe erstreckt, verbreitert sich ansehnlich, so dass die Vermuthung nahe lag, dieser Abschnitt sei der Chylusmagen. Interessant ist vor allem die Chitinintima, bei welcher zuerst der schon erwähnte zonenförmig angeordnete Besatz von Zotten auffällt. Nach hinten zu finden wir diese Zotten wieder, aber nicht in obiger Weise angeordnet, sondern in drei nach hinten sich ziehenden Feldern. Schon aussen sind diese Felder gekennzeichnet durch drei starke, in schwach spiraliger Drehung verlaufende Muskelstämme. Ausser diesen Zotten bilden weder Epithel noch Chitinmembran bedeutende Erhöhungen; sie liegen vielmehr der Muskelschicht eng an. Nie gewahrt man in den von Erhöhungen freien Partien etwa Durchbrechungen (Poren), dagegen vermissen wir auch hier nicht einen Besatz von feinen Stacheln. An der Stelle, wo sich dieser Abschnitt verengert, mündet der Endkanal der Malpighi'schen Gefässe. Nach der Präparation mit Kalilauge fiel mir auf, dass auch der gemeinschaftliche Gang der Malpighi'schen Gefässe — eine für die Grillen durchaus charakteristische Anordnung — mit einer Chitincuticula ausgekleidet ist. Im Uebrigen sind die Vasa Malpighi von Gryllotalpa schon eingehend untersucht worden.

Das nun folgende, sich verengernde Stück stellt die Verbindung her mit dem Rektum. Es treten hier sechs und im Rektum zwölf Längsreihen von Zotten mit einer entsprechenden Anzahl von Längsmuskelsträngen auf.

3. Bemerkungen zur Resorptionsfrage.

Was die physiologische Bedeutung der erwähnten Zotten, die so reichlich mit Chitinstacheln versehen sind, anbetrifft, so muss man ihrem Baue nach annehmen, es seien Vorrichtungen, die dazu dienen, die unbrauchbaren Speisereste nach hinten zu befördern. Klappenvorrichtungen, wie sie oben beschrieben wurden, sind im ganzen übrigen Theil des Enddarmes nicht zu finden. Die Nahrung wird also nirgends aufgehalten.

Die Konstatirung dieser Thatsache scheint mir sehr wichtig zu sein. Es ist bekannt, dass man über die Vorgänge der Verdauung und Resorption bei den mit nur kleinem Mitteldarm ausgestatteten Vertretern der Insekten verschiedener Meinung ist. So ist z. B. Frenzel, der in neuerer Zeit auf diesem Gebiete eingehende Studien gemacht, der Ansicht, dass der Mitteldarm wohl die

Sekretion der Verdauungsfermente besorge, nicht aber
zugleich die Resorption. Er ist vielmehr geneigt, den
Zellen des Enddarmes resorbirende Thätigkeit zuzuschreiben.

Den positiven Beweis für seine Anschauung kann
Frenzel allerdings nicht liefern; vielmehr unterlässt er
nicht die Schwierigkeit zu betonen, welche sich einer
Lösung der Resorptionsfrage auf experimentellem Wege
entgegenstelle, da man bei Versuchen solcher Art bis
anhin nur feste Farbstoffe verwendet habe, und hier könne
man nicht erwarten, »dass durch die oft recht dicke, mit
Poren u. s. w. nicht versehene Chitincuticula feste Körper
und seien sie noch so klein, hindurchwandern«. Den Ein-
wand, dass den Hypodermiszellen eine resorbirende Funktion kaum zugeschrieben werden dürfe, da sie bereits
diejenige der Chitinbildung übernommen haben, weist er
durch die Argumentation zurück, dass bei ausgewachsenen
Hexapoden keine Chitinausscheidung mehr stattfinde und
dann könnten die Hypodermiszellen wohl die Resorption
übernehmen.

Bei Insekten, wo der Mitteldarm eine bedeutende Entwicklung erreicht, so dass der Enddarm fast oder ganz
fehlt, muss man Verdauung und Resorption in den Mitteldarm verlegen. Wird aber dieses Darmstück klein, und
der Enddarm gross, so liegt die Frage nahe, ob nicht
eine Arbeitstheilung in der Weise stattfinde, dass der
Mitteldarm die Verdauung übernehme und wenigstens der
Anfangstheil des Enddarmes die Resorption.

Ein Umstand könnte bei Gryllotalpa für diese An-
nahme sprechen, nämlich der, dass die Malpighi'schen
Gefässe nicht am Anfang des Enddarmes, sondern am
Ende des weitlumigen zweiten Theiles einmünden. Der

übrige Theil des Enddarmes, der, also hinter der Einmündung der Harnorgane liegt und den man mit Recht
als Kloake bezeichnen kann, übernimmt keine Resorption
mehr; wir müssten also den Ort derselben im erweiterten
zweiten Abschnitt des Enddarms suchen.

Eigenthümlich erscheint mir in dieser Beziehung die
Darstellung von Berlese (6) bei Gryllus campestris. Die
Malpighi'schen Gefässe münden bei dem von ihm untersuchten Objekte in den Anfangstheil des Enddarmes,
welch letztern er als Dickdarm — intestino crasso —
bezeichnet. In diesem Darmabschnitte findet er gegen
das Darmlumen hinein vorragende Erhöhungen, welche
nichts anderes seien als Gebilde, die den Nahrungssaft
aussaugen; er nennt sie »bocche assorbenti«. Auf den
Zeichnungen sind diese Gebilde mit einem reichlichen
Borstenbesatz versehen; darin und in ihrer Anordnung
stimmen sie ganz mit den von mir oben erwähnten zottenartigen Erhöhungen überein. Sie sind daher wohl keine
Nahrungsaufsauger, sondern dürften vielmehr Vorrichtungen sein, den Darminhalt durch den sich verengernden
dritten Theil des Enddarmes in das Rektum zu befördern.
Dass sich Tracheenäste in diesen Gebilden verzweigen,
scheint mir kein genügender Beweis für ihre resorbirende
Thätigkeit zu sein. Aber die Behauptung des Autors
ist auch aus einem anderen Grunde nicht stichhaltig.
Die Malpighi'schen Gefässe sind nachgewiesenermassen
spezifische Harnorgane. Da sie nun bei Gryllus in den
Anfangstheil des Enddarmes münden, so müssten sich die
Harnsubstanzen mit den Nahrungsstoffen mischen und
dieses Gemisch würde dann von den »bocche assorbenti«
aufgesogen werden — ein Fall, der sehr eigenthümlich
berühren muss. Das oben erwähnte Fehlen einer Klappe

nach dem erweiterten Theile des Enddarmes bei Gryllotalpa scheint mir auch gegen eine Resorption in diesem
Darmtheile zu sprechen. Sollen die Nährstoffe dem Darminhalt in ausgiebiger Weise entnommen werden, so ist
auch eine Vorrichtung nothwendig, welche denselben zu-
rückhält.

Wenn die Autoren betonen, dass die reichliche Ver-
zweigung von Tracheenästen auf der Oberfläche eines
Organs darauf hinweise, dieses Organ sei der Sitz eines
lebhaften Nahrungsaustausches, so könnten wir als einen
solchen vornehmlich die Mitteldarmsäckchen bezeichnen;
denn es ist geradezu auffallend, in welch' reicher Menge
sich hier die Tracheen verzweigen.

Zürich im Mai 1892.

Bedeutung der Buchstaben.

Hpl.	Hauptplatten	Längsstreifen.
Npl.	Nebenplatten	
Ll.	Längsleisten.	
g. Hpl.	sich vergrössernde Hauptplatten.	
r. Hpl.	sich rückbildende Hauptplatten.	
Sp.	Spirale.	
J. L.	Innere Lamelle.	
A. L.	Aeussere Lamelle.	
z. F.	zapfenartiger Fortsatz.	
F. A.	Flügelartige Anhänge.	
Ep.	Epithel.	
M.	Muskulatur.	
Ch.	Chitin.	
d. Ch.	dichteres Chitin der äusseren Lamellen.	
Ep. d. V.	Epithel des Vorderdarmes.	
r. C.	rinnenförmige Kanäle.	
Spr.	Reste der sich auflösenden Spiralen.	
L1—L4	die vier Lamellen.	
Tr.	Tracheen.	

Erklärung der Figuren.

Fig. I—X zeigen die Entwicklung der Spiralen, sowie der vier Lamellen und sind Originalzeichnungen, die mit der Camera lucida von C. Zeiss in Jena (nach Abbe) hergestellt wurden. Von einem Leitz'schen Instrument wurde dazu Okular I und Objektiv 3 benutzt.

Fig. 1—10 geben eine schematische Darstellung der obigen Verhältnisse.

In Fig. 1 bilden die Hauptplatte (Hpl.) und die beiden Nebenplatten (Npl.) einen sogenannten Längsstreifen. Solcher finden sich im ganzen Kaumagen sechs an der Zahl. Zu beiden Seiten eines Längsstreifens liegen die Längsleisten (Ll.).

Fig. 2. Nebenplatten und Längsleisten sind kleiner geworden.

Fig. 3. Die Nebenplatten sind verschwunden und an ihre Stelle treten kleine Hervorragungen (Sp.).

Fig. 4. Die Hervorragungen vergrössern sich zur Spirale und die Längsleisten formen sich nun zu Widerlagern mit einem zapfenartigen Fortsatz (z. F.) in der Mitte.

Fig. I und II und Fig. 5 zeigen dieselben Verhältnisse. Auf den beiden ersteren haben sich vier Hauptplatten ansehnlich vergrössert, während deren zwei sich rückbilden (g. Hpl. und r. Hpl.).

Fig. III und IV und Fig. 6 und 7 stellen die Entwicklung der flügelartigen Anhänge dar. Die Ringmuskulatur (M) wird dünner. Das aus den Lamellen zurückkehrende Epithel des Vorderdarms (Ep. d. V.) tritt auf, an der Seite der sich rückbildenden Hauptplatten die rinnenförmigen Kanäle bildend.

Fig. V, VI und 8. Die Spiralen und die Längsleisten bilden sich zurück, die flügelartigen Anhänge haben sich bedeutend verlängert.

Fig. VI und VII. Mit dem gänzlichen Verschwinden der Muskulatur trennt sich die von aussen sich anlegende Epithellage mit der Chitinschicht in einzelne Stücke. Die rinnenförmigen Kanäle beginnen sich aufzulösen.

Fig. VIII, IX, X, 9 und 10 zeigen die weiteren Stadien bis zur völligen Entwicklung der Lamellen.

In Fig. X finden wir nur noch die vier Lamellen. (L 1 — L 4).

Litteratur-Verzeichniss.

1. Johannes Müller. Archiv für Anatomie und Physiologie. Jahrgang 1855.

2. V. Graber. Zur näheren Kenntniss des Proventriculus und der Appendices ventriculares bei den Grillen und Laubheuschrecken. Sitzungsberichte der Acad. der Wissenschaften. Math.-naturw. Klasse. LIX. Bd. I. Abtheilung. Jahrgang 1869.

3. Felix Plateau. Recherches sur les phénomènes de la digestion chez les insectes. Mémoires de l'Acad. royale de Belgique. Tome XLI. 1876.

4. V. Graber. Die Insekten. I. Theil. München 1877.

5. E. Schindler. Beiträge zur Kenntniss der Malpighi'-schen Gefässe der Insekten. Zeitschrift f. wissenschaftl. Zoologie. Band 30, 1878.

6. Antonio Berlese. Osservazioni sulla anatomia descrittiva del Gryllus campestris. Atti della società Veneto-Trentina di scienze naturali. Vol. VII. 1880.

7. Joh. Frenzel. Bau und Thätigkeit des Verdauungs-

kanals der Larve des Tenebrio molitor. Berliner
Entomologische Zeitschrift. Bd. 26. 1881.

8. Franz Leydig. Untersuchungen zur Anatomie und
Histologie der Thiere. Bonn. 1883.

9. A. Korotneff. Die Embryologie d. Gryllotalpa. Zeitschrift für wissenschaftliche Zoologie. Bd. 41. 1885.

10. Joh. Frenzel. Ueber den Darmkanal der Crustaceen
nebst Bemerkungen zur Epithelregeneration. Arch.
f. mikroskop. Anat. Bd. 25. 1885.

11. Joh. Frenzel. Einiges über den Mitteldarm der
Insekten, sowie über Epithelregeneration. Arch. für
mikroskop. Anat. Bd. 26. 1886.

12. V. Faussek. Beiträge zur Histologie d. Darmkanals
der Insekten. Zeitschr. für wissenschaftl. Zoologie.
Bd. 45. 1887.

13. Anton Schneider. Ueber den Darmkanal der Arthropoden. Zool. Beiträge. Bd. II. Heft 1. 1887.

14. Bruno Hofer. Untersuchungen über den Bau der
Speicheldrüsen und des dazu gehörenden Nerven-
apparats von Blatta. Nova Acta der Leop.-Carol.
Akademie. Bd. LI. 1887.